Winnie
Alles Gute zum Geburtstag, Mama!

Valeri Gorbatschow

EDITION JÜRGEN LASSIG

Nord-Süd Verlag

Aus dem Amerikanischen von Christiane Jung

Originaltitel: Nicky and the Fantastic Birthday Gift
Lithographie: Die Repro, Tamm
Gesetzt in der Veljovic, 16 Punkt
Druck: Proost N.V., Turnhout
ISBN 3 314 01110 5

1 2 3 4 5 04 03 02 01 00

Die Deutsche Bibliothek – CIP-Einheitsaufnahme

Gorbatschow, Valeri:
Winnie: Alles Gute zum Geburtstag, Mama! / Valeri Gorbatschow.
Übers.: Christiane Jung. – Gossau Zürich ; Hamburg :
Nord-Süd-Verl., 2000 (Edition Jürgen Lassig)
Einheitssacht.: Nicky and the Fantastic Birthday Gift <dt.>
ISBN 3-314-01110-5

Besuchen Sie uns im Internet: www.nord-sued.com

Valeri Gorbatschow wurde 1944 geboren. 1991 emigrierte er mit seiner Familie aus der Ukraine in die USA. Während seiner Zeit in der ehemaligen Sowjetunion illustrierte er über vierzig Kinderbücher, darunter viele eigene Texte. Seine Illustrationen wurden mehrfach international ausgestellt. Valeri Gorbatschow – er lebt heute mit seiner Frau und seinen beiden Kindern in New York – hat in den USA bereits mehrere Bilderbücher illustriert.
In der Edition Jürgen Lassig im Nord-Süd Verlag sind erschienen:
Winnie und die wilden Wölfe
Winnie will woanders schlafen
Benni Bär malt ein Bild

Heute hat Mama Geburtstag.
Wippo, Wendi, Willi und Walleri waren sehr beschäftigt.
Sie malten Geburtstagsbilder für Mama.
Nur Winnie nicht. Er spielte draußen.

»He, Winnie!«, riefen die anderen.
»Willst du kein Bild für Mama malen?«
»Na klar!«, sagte Winnie. »Aber ich
denke mir etwas ganz Besonderes aus.«

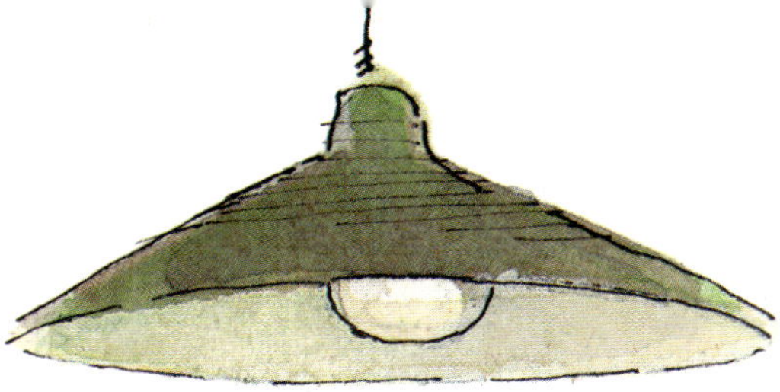

»Mal doch eine Mohrrübe wie ich«, schlug Wendi vor. »Oder einen Baum wie Willi, oder eine Sonne wie Wippo, oder eine Blume wie Walleri!«

»Nein«, sagte Winnie. »Ich werde etwas ganz Wunderschönes malen.«
»Gut«, sagte Wendi. »Aber du musst dich beeilen. Denn wir bringen Mama jetzt die Geschenke.«

»Herzlichen Glückwunsch zum Geburtstag, Mama!«, riefen Wippo, Wendi, Willi und Walleri. »Guck mal, was wir für dich gemalt haben!«
»Oh, danke, ihr Lieben«, sagte Mama. »Wie schön! Wir wollen alle Bilder ausstellen, wie in einer richtigen Kunstgalerie!«

»Nein, wie hübsch sie sind!«, sagte Mama und bewunderte die Bilder. »Ihr habt alle wunderschön gemalt. Aber wo ist Winnies Bild? Und wo ist Winnie?«

Winnie saß am Küchentisch und malte.
»Ich bin hier, Mama!«, rief er. »Mein Bild ist ganz toll. Und jetzt ist es fertig.«
Mama sah Winnie über die Schulter.
»Hm«, sagte sie, »das sieht sehr interessant aus. Was genau ist es denn?«

»Also«, sagte Winnie, »das ist
unser Haus und der Wald
und das Meer, und wir gehen
alle durch den Wald zum Meer
und haben eine Menge Spaß.«
»Ah, natürlich«, sagte Mama.

»Aber das ist noch nicht alles!«, sagte Winnie.
»Wir fahren auf einem großen grünen Schiff über das Meer und in der Luft fliegen Möwen und Delfine springen aus dem Wasser. Und wir haben eine Menge Spaß.«
»Wie schön!«, sagte Mama.

»Und ich habe noch mehr gemalt!«, sagte Winnie.
»Wir fahren mit dem Schiff zu einer wunderschönen Insel, und ganz viele Leute kommen und bringen uns Blumen. Und eine Band macht Musik. Und wir haben eine Menge Spaß.«
»Oh, ja. Jetzt sehe ich es auch«, sagte Mama.

»Es wird noch besser!«,
sagte Winnie. »Siehst du!
Wir feiern alle ein
großes Fest mit Laternen
und Partyhüten und wir tanzen
und singen… und… und…

… und es gibt eine riesige Torte mit einer großen Mohrrübe in der Mitte und vielen Kohlblättern drum herum. Und es ist der leckerste Kuchen der Welt und wir haben eine Riesenmenge Spaß – weil es nämlich dein Geburtstag ist, Mama!«

»Hier«, sagte Winnie und gab Mama das Bild.
»Alles Gute zum Geburtstag, Mama!«

»Es ist wirklich wunderschön, Winnie«, sagte Mama. »Ein Meisterwerk! Vielen Dank.« Sie nahm Winnies Bild und stellte es zu den anderen – genau in die Mitte.

»Und jetzt wollen wir alle Geburtstags-
kuchen essen«, sagte Mama. »Und
singen und tanzen und eine Menge
Spaß haben...!«

Und dann nahm Mama sie ganz fest in die Arme
und alle zusammen hatten eine Menge Spaß!